Dalai Lama

Das Herz der Liebe

W0173903

Dalai Lama

Das Herz der Liebe

Herausgegeben von
Michael Wallosek

HERDER

FREIBURG · BASEL · WIEN

Inhalt

Glück und Leid

Wenn wir über Glück und Leid sprechen, ist von jenem Glück und Leid die Rede, das wir erfahren. Mit anderen Worten, wir sprechen hier über etwas, das in unmittelbarer Verbindung zum menschlichen Geist steht. Eines ist dabei klar: Wir alle haben als Menschen das natürliche Verlangen, glücklich zu sein, und den Wunsch, kein Leid zu erfahren. Das ist ein Faktum, und wir können es zu unserem Ausgangspunkt machen.

Lassen Sie uns jedoch, bevor wir auf diesen Punkt ausführlicher eingehen, kurz einen Blick auf die Beschaffenheit, auf die Natur unserer Erfahrungen werfen. Meiner Meinung nach können wir in jedem Fall sagen, dass sich Erfahrungen auf der Ebene des Bewusstseins, des Geistes, abspielen. Zwar sprechen wir auch von physischen Erfahrungen, diese rühren jedoch nicht allein vom Körper her. Betäuben wir zum Beispiel einen bestimmten Körperteil, so verspüren wir dort keine Empfindungen mehr. Erfahrung steht also in Bezug zu Empfindung, und Empfindung wiederum steht in Bezug zu Bewusstsein. Im Wesentlichen lassen sich zwei Arten von Erfahrung unterscheiden: Die eine ist mehr mit unserem Körper verbunden und kommt hauptsächlich durch unsere Sinnesorgane zustande; die andere hingegen bezieht sich eher auf das, was man als »das Bewusstsein« oder »den Geist« bezeichnen kann.

Auf der Ebene der physischen Erfahrung besteht zwischen uns und anderen Lebewesen kein großer Unterschied. Auch Tiere verfügen über die Fähigkeit, Schmerz und Wohlbehagen zu empfinden. Möglicherweise unterscheiden wir Menschen uns jedoch von anderen Lebensformen durch unsere wesentlich kraftvolleren geistigen Erfahrungen in Form von Gedanken und Emotionen.

Nun ließen sich selbstverständlich Spekulationen darüber anstellen, dass andere Lebewesen vielleicht ebenfalls – zumindest bis zu einem gewissen Grad – zu solch einer Erfahrung fähig sind. Manche Tiere könnten zum Beispiel über ein Gedächtnis verfügen. Alles in allem lässt sich aber mit guten Gründen sagen, dass der Mensch zu Erfahrungen auf der geistigen Ebene besser befähigt ist.

Worauf beruht das Glück, nach dem wir alle streben?

Aus dem Umstand, dass grundsätzlich zwei Arten von Erfahrung existieren, ergeben sich einige interessante Konsequenzen. Eine möchte ich besonders hervorheben: Ein Mensch mit einem im Grunde heiteren und gelassenen Geist kann dank dieses inneren Friedens womöglich auch eine schmerzhafte physische Erfahrung verkraften. Andererseits wird jemand, der unter Niedergeschlagenheit, Angst oder sonstigen emotionalen Problemen leidet, selbst dann keine rechte Freude empfinden, wenn er körperlich wohlauf ist und ihm alle erdenklichen Annehmlichkeiten zur Verfügung stehen. Unsere geistige Verfassung im Sinn von Einstellungen und Emotionen spielt, wie sich hier zeigt, für unsere Erfahrung von Glück und Leid eine maßgebliche Rolle. Die buddhistischen Unterweisungen zur Umwandlung des Geistes (tibetisch: *Lo-djong*) bieten eine Reihe von Methoden, mit deren Hilfe wir unseren Geist lenken, ihn einer Disziplin unterwerfen und so die Grundlage für das erstrebte Glück schaffen können.

Bekanntlich besteht zwischen physischem und emotionalem Wohlbefinden eine enge Verbindung. Wir wissen zum Beispiel, dass physische Erkrankungen sich auf unsere geistige Verfassung auswirken, ein erhöhtes physisches Wohlbefinden andererseits einen entspannten Geisteszustand begünstigt. Da wir diesen Zusammenhang gemeinhin anerkennen, üben und trainieren viele ihren Körper, um jenes physische Wohlbefinden zu erzielen, das zur Belebung des Geistes beiträgt. Ferner gibt es bestimmte überlieferte Übungen zur Verbesserung unserer energetischen Strukturen. Man bezeichnet sie als Prana-Yoga, als »Yoga der Windenergie«. Heutzutage sind Yoga-Übungen auch in der westlichen Welt sehr populär, weil eben viele Menschen die Erfahrung gemacht haben, dass sie durch Yoga einen physischen Gesundheitszustand erreichen können, der zu besserer geistiger Gesundheit führt.

Die Lo-djong-Unterweisungen legen uns freilich ein anderes Vorgehen nahe. Sie konzentrieren sich unmittelbar darauf, den Geist durch die Umwandlung unserer Einstellungen und unserer Denkweise weiterzuentwickeln.

Niemandem kann eine spirituelle Praxis zur Umwandlung von Herz und Geist auferlegt oder aufgezwungen werden. Darüber sollte man sich im Klaren sein. Anders bei körperlichen Übungen. Da mag, um für Disziplin zu sorgen, durchaus ein gewisser Druck angebracht sein. Die zur Umwandlung von Herz und Geist erforderliche Disziplin des Geistes hingegen kann sich nicht unter Zwang einstellen. Sie muss auf Freiwilligkeit beruhen – und diese wiederum auf der persönlichen Einsicht, dass uns bestimmte Einstellungen und bestimmte Arten der Lebensführung weiterhelfen, andere hingegen nicht. Erst dann, aufgrund dieser Einsicht, bringen wir die Bereitschaft auf, eine spirituelle Disziplin einzuhalten. Nur wenn wir uns in dieser Weise auf einen spirituellen Weg begeben, werden wir eine Umwandlung unseres Geistes bewirken können.

Wie funktionieren unsere Gedanken und Emotionen?

Um den Schlüssel zur Umwandlung von Herz und Geist in die Hand zu bekommen, gilt es zu begreifen, wie unsere Gedanken und Emotionen funktionieren. Wir müssen lernen, die bei unseren inneren Konflikten miteinander im Widerstreit liegenden Seiten zu unterscheiden. Zum Beispiel müssen wir erkennen, wie destruktiv Wut ist, und uns zugleich darüber im Klaren sein, dass gerade unsere Gedanken und Emotionen auch geeignete Mittel bieten, mit deren Hilfe wir der Wut entgegenwirken können. Begreifen wir erstens, dass getrübte (und damit zugleich den Geist trübende) Gedanken und Emotionen destruktiv und negativ sind, und versuchen wir zweitens unsere positiven Gedanken und Emotionen – die Gegenmittel – zu stärken, können wir allmählich den Einfluss von Wut, Hass und dergleichen verringern.

Fassen wir dann den Entschluss, an unserer Wut und unserem Hass zu arbeiten, so dürfen wir uns allerdings nicht mit frommen Wünschen begnügen: »Möge keine Wut in mir aufflammen.« Oder: »Möge ich von Hass frei sein.« Das kann zwar hilfreich sein, bloße Wünsche werden Sie jedoch nicht sonderlich weit bringen. Sie müssen sich alle erdenkliche Mühe geben, ganz bewusst eine Disziplin einzuhalten: eine Disziplin, die Sie überall in Ihrem Leben zur Anwendung bringen, um den Einfluss der Wut zu mildern und ihren Gegenspieler, den Altruismus, zu stärken. Denn darin besteht der Weg zu geistiger Disziplin.

Um herauszufinden, wie Gedanken und Emotionen in uns entstehen, können wir nach innen schauen. Es ist ganz natürlich, dass viele verschiedene Gedanken und Emotionen aufkommen. Sie möchten wissen, warum? Dies ist eine philosophische Fragestellung. Der buddhistischen Philosophie zufolge entstehen die Gedanken und Emotionen großenteils aufgrund von früheren Gewohnheiten und von Karma. Aus beidem gehen die gedanklichen und emotionalen Tendenzen eines Menschen hervor. Wie dem auch sei: Tatsache ist, vielerlei Gedanken und Emotionen tauchen bei uns auf. Und wenn wir sie ungeprüft und ungezügelt gewähren lassen, führt dies zu unsäglichen Problemen und Krisen, zu Leid und Elend.

Aus diesem Grund müssen wir uns die bewusste Disziplin zu Eigen machen, von der zuvor die Rede war. Den Einfluss einer negativen Emotion wie Wut oder Hass können wir verringern, indem wir das entsprechende Gegenmittel stärken: Liebe beziehungsweise Mitgefühl.

Die bloße Einsicht in diese Notwendigkeit reicht allerdings nicht aus – genauso wenig wie der schlichte Wunsch, über mehr Liebe und Mitgefühl zu verfügen. Unablässig, immer wieder aufs Neue, müssen wir uns bemühen, unsere positiven Seiten weiterzuentwickeln, und den Schlüssel dazu liefert uns der beständige Umgang mit ihnen. Menschliche Gedanken und Emotionen werden umso kraftvoller, je mehr man sich mit ihnen beschäftigt und sie kultiviert. Das liegt in ihrer Natur. Und so sollten wir Liebe und Mitgefühl bewusst entwickeln, um ihre Kraft zu steigern. Wir sprechen hier über eine Möglichkeit, *positive* Gewohnheiten zu kultivieren. Deshalb meditieren wir.

Was verstehen wir
unter Meditation?

Aus buddhistischer Sicht beinhaltet Meditation Geistesdisziplin – eine Disziplin, die Sie befähigt, Ihre Gedanken und Emotionen in gewissem Maß unter Kontrolle zu haben.

Wie kommt es, dass wir uns nicht an jenem dauerhaften Glück erfreuen, nach dem wir auf der Suche sind? Und warum werden wir stattdessen so häufig mit Kummer und Leid konfrontiert? Der Buddhismus erklärt, dass in unserem gewöhnlichen Geisteszustand unsere Gedanken und Emotionen wild und widerspenstig sind. Da uns die geistige Disziplin fehlt, sie zu zähmen, können wir sie nicht unter Kontrolle bringen. Folglich beherrschen sie uns. Die Gedanken und Emotionen wiederum haben die Neigung, sich eher von unseren negativen als von unseren positiven Regungen beherrschen zu lassen. Diesen Kreislauf müssen wir dahin gehend durchbrechen, dass unsere

Gedanken und Emotionen aus der Abhängigkeit von negativen Regungen befreit werden und wir unseren Geist unter Kontrolle bekommen.

Auf den ersten Blick mag es den Anschein haben, als lasse sich die Absicht, eine derart grundlegende innere Veränderung herbeizuführen, unmöglich in die Tat umsetzen. Doch durch einen Disziplinierungsprozess wie die Meditation kann uns das tatsächlich gelingen. Wir wählen ein spezielles Meditationsobjekt und schulen dann unseren Geist, indem wir an diesem Objekt unsere Fähigkeit zu innerer Sammlung entwickeln. Für gewöhnlich aber müssen wir feststellen, dass unser Geist keineswegs gesammelt ist. Wir denken über etwas nach, und unversehens bemerken wir, dass wir abgeschweift sind, weil uns etwas anderes in den Sinn gekommen ist. Unablässig jagen unsere Gedanken diesem oder jenem hinterher, weil wir nicht genügend Disziplin für geistige Sammlung besitzen. Durch Meditation können wir uns jedoch die Fähigkeit aneignen, unseren Geist nach Wunsch einem beliebigen Gegenstand zuzuwenden und ihm unsere volle Aufmerksamkeit zu widmen.

Nun könnten wir natürlich beschließen, bei unserer Meditation den Geist auf ein negatives Objekt zu richten. Wenn Sie sich zum Beispiel leidenschaftlich zu einem Menschen hingezogen fühlen, Ihren Geist in einsgerichteter Sammlung bei dieser Person verweilen lassen und dann über ihre begehrenswerten Eigenschaften nachsinnen, werden Sie daraufhin ein gesteigertes sexuelles Verlangen nach dem Betreffenden verspüren. Darin besteht jedoch nicht der Sinn von Meditation.

Ruhiges Verweilen und durchdringende Einsicht

Aus buddhistischer Sicht muss die Meditationspraxis einem positiven Objekt gelten. Darunter verstehen wir ein Objekt, das Ihre Fähigkeit zu geistiger Sammlung erhöht. Durch solch beständigen Umgang mit dem Objekt werden Sie immer besser mit ihm vertraut und empfinden eine innige Verbundenheit. In der klassischen buddhistischen Literatur wird diese Art der Meditation als Shamata bezeichnet, als ruhiges Verweilen in einsgerichteter Meditation beziehungsweise als meditative Stabilisierung.

Shamata allein reicht allerdings nicht aus. Wir verbinden die einsgerichtete Meditation mit einer analytischen Meditationspraxis, die Vipashyana, durchdringende Einsicht, genannt wird. Bei dieser Praxis machen wir vom logischen Denken Gebrauch. Indem wir die Stärken und Schwächen der verschiedenen Arten von Emotionen und Gedanken, ihre Vor- und Nachteile erkennen, können wir positive Geisteszustände in uns verstärken, die zu Heiterkeit, Ruhe und Zufriedenheit beitragen; und wir können jene Einstellungen und Emotionen eindämmen, die zu Leid und Unzufriedenheit führen.

Die beiden soeben skizzierten meditativen Ansätze, die einsgerichtete und die analytische Meditation, unterscheiden sich nicht in Bezug auf das jeweilige Objekt. Der Unterschied liegt in der Vorgehensweise, nicht in der Wahl des Meditationsgegenstandes.

Das möchte ich am Beispiel der Meditation über Vergänglichkeit verdeutlichen: Verweilen wir in einsgerichteter Sammlung bei dem Gedanken, dass sich in jedem Augenblick alles verändert, so handelt es sich um einsgerichtete Meditation. Meditieren wir hingegen über Vergänglichkeit, indem wir bei allem, was uns begegnet, unentwegt auf die verschiedenen Überlegungen zur Unbeständigkeit der Dinge zurückgreifen und durch diesen analytischen Prozess unser Wissen um die Tatsache der Vergänglichkeit untermauern, so üben wir uns in analytischer Meditation über Vergänglichkeit. Beide Meditationen richten sich auf denselben Gegenstand, die Vergänglichkeit, beziehen sich jedoch in unterschiedlicher Weise auf ihn.

Beide Arten der Meditation kommen meines Erachtens in fast allen großen religiösen Überlieferungen zur Anwendung. In Indien zum Beispiel war die Praxis der einsgerichteten Meditation, ebenso wie die Ausübung der analytischen Meditation, allen wichtigen – buddhistischen wie nichtbuddhistischen – religiösen Überlieferungen gemeinsam. Vor einigen Jahren habe ich im Gespräch mit einem meiner christlichen Freunde erfahren, dass es im Christentum, vor allem innerhalb der griechisch-orthodoxen Kirche, eine lange und bedeutende Geschichte der kontemplativen Meditation gibt. Ebenso haben mir zahlreiche Rabbis von bestimmten mystischen Praktiken im Judentum berichtet, die eine Form von einsgerichteter Meditation beinhalten.

Beide Arten der Meditation lassen sich also auch in eine theistische Religion einbeziehen. Ein Christ könnte zum Beispiel über die Mysterien der Welt, über den Einfluss der göttlichen Gnade oder über manch anderes nachsinnen, das ihn inspiriert und im Glauben an den Schöpfergott bestärkt. Dann könnte der Betreffende seinen Geist in diesem Zustand ruhen, ihn in einsgerichteter Sammlung verweilen lassen. Wer so praktiziert, gelangt durch einen analytischen Prozess zu einer einsgerichteten Meditation über Gott. Hier sind also beide Meditationsaspekte vertreten.

Meditationshindernisse

Damit die Meditation gelingt, müssen den buddhistischen Texten zufolge im Wesentlichen vier Hindernisse überwunden werden. Das erste Hindernis sind die auf der groben Geistesebene sich einstellenden Abschweifungen, unsere Abgelenktheit. Damit ist die Tendenz unserer Gedanken zur Zerstreuung gemeint. Beim zweiten Hindernis handelt es sich um Dumpfheit und Trägheit beziehungsweise die Neigung einzuschlafen. Das dritte besteht in geistiger Erschlaffung, übermäßiger Entspanntheit. Damit ist die Unfähigkeit gemeint, Geistesschärfe und Klarheit zu wahren. Und schließlich gibt es viertens auf einer subtileren Ebene geistige Erregung oder Unruhe, die von der schwankenden, wechselhaften Natur unseres Geistes herrührt.

Wenn unser Geist allzu munter ist, wird er schnell erregbar und unruhig. Dann machen unsere Gedanken Jagd auf allerlei Vorstellungen oder Objekte, die uns entweder in freudige Erregung versetzen oder bedrücken. Übererregung führt zu allen möglichen Stimmungen und emotionalen Zuständen. Im Unterschied dazu verschafft das Erschlaffen des Geistes eine gewisse Erleichterung. Das kann man, da es erholsam ist, als recht angenehm empfinden. Nichtsdestoweniger stellt es jedoch ein Meditationshindernis dar. Vögel und andere Tiere, die gut gefüttert werden, sind nach meiner Beobachtung völlig entspannt und zufrieden. Bei einer wohlgenährten Katze, die sich vernehmlich schnurrend davontrollt, könnten wir also von einem Zustand geistiger Erschlaffung sprechen.

Geistige Dumpfheit zeigt sich auf einer eher groben Geistesebene. Geistige Erschlaffung hingegen, in gewisser Weise das Ergebnis von Dumpfheit, wird auf einer weitaus subtileren Ebene erfahrbar. Tatsächlich, so sagt man, ist für den Meditierenden zwischen echter Meditation und geistiger Erschlaffung schwer zu unterscheiden. Und zwar deshalb, weil bei geistiger Erschlaffung immer noch eine gewisse Klarheit erhalten bleibt. Sie haben dann zwar den Bezugspunkt Ihrer Aufmerksamkeit in der Meditation nicht aus den Augen verloren, aber die Beweglichkeit fehlt. Obgleich Sie das Objekt also mit einer gewissen Klarheit wahrnehmen, fehlt diesem Geisteszustand die Vitalität. Wenn man ernsthaft meditieren will, ist es sehr wichtig, zwischen subtiler Erschlaffung und echter Meditation unterscheiden zu können – umso mehr, weil es heißt, dass es verschiedene Abstufungen geistiger Erschlaffung gibt.

Das andere Hindernis, von dem die Rede war, ist ein zerstreuter, abgelenkter Geisteszustand. Dabei geht es um das generelle Problem, das wir haben, sobald wir in geistiger Sammlung bei einem bestimmten Gegenstand zu verweilen versuchen. Wir stellen dann fest, dass der Geist die Fähigkeit, aufmerksam zu sein, sehr schnell einbüßt und von – erfreulichen wie unerfreulichen – Vorstellungen oder Erinnerungen abgelenkt und davongetragen wird. Das vierte Hindernis, geistige Erregung, ist ein spezieller Fall von Abgelenktheit oder Zerstreutheit: eine, die sich auf angenehme Objekte bezieht. Man führt sie in einer eigenen Kategorie auf, weil wir durch angenehme Gedanken besonders stark von der Meditation abgelenkt werden. Dabei kann es sich um Erinnerungen an eine frühere Erfahrung handeln, um Erinnerungen an etwas, das uns Freude bereitet hat, oder um Überlegungen zu einer Erfahrung, die wir gerne machen würden. Solche Erinnerungen und Gedanken beeinträchtigen das Gelingen der Meditation oft ganz entscheidend.

Zwei dieser vier Hindernisse spielen eine besonders große Rolle: Ablenkung und geistige Erschlaffung.

Wie können wir mit diesen Hindernissen umgehen?

Insbesondere bei Dumpfheit scheint es eine enge Verbindung zu unserer physischen Verfassung zu geben. So können wir uns zum Beispiel aus Schlafmangel dumpf fühlen. Wenn wir uns nicht gut ernähren, ungeeignete oder zu üppige Nahrung zu uns nehmen, kann auch das einen Dumpfheitszustand zur Folge haben. Aus diesem Grund wird im Buddhismus ordinierten Mönchen und Nonnen davon abgeraten, nach dem Mittagessen noch weitere Nahrung zu sich zu nehmen. Durch diesen Verzicht können sie eine gewisse geistige Klarheit bewahren, die der Meditation zugute kommt. Und auch, wenn sie am nächsten Morgen aufwachen, verfügen sie über einen entsprechend klaren Geist. Gute Essgewohnheiten sind also ein sehr wirkungsvolles Mittel gegen geistige Dumpfheit.

Nun zum Problem der geistigen Erschlaffung. Es heißt, der Grund für solch ein Erschlaffen in der Meditation sei mangelnde Munterkeit und zu geringe Energie. Wann immer dieser Fall eintritt, müssen wir einen Weg finden, uns aufzumuntern. Zu diesem Zweck geben wir am besten einer freudigen Empfindung Raum, indem wir uns auf das besinnen, was wir bereits erreicht haben, uns die positiven Seiten des Lebens vor Augen führen und dergleichen. Das ist das wichtigste Mittel gegen geistige Erschlaffung.

Unruhe entsteht bei einem allzu munteren Geisteszustand und bei übermäßiger Erregung. Als Gegenmittel dienen Methoden, mit denen man ernüchternd auf diesen Erregungszustand einwirken kann. Eine besteht darin, sich auf Gedanken und Vorstellungen zu besinnen, die von Natur aus ernüchternd wirken: zum Beispiel auf den Tod und den Übergangscharakter des Lebens oder auf die fundamental unbefriedigende Seite des menschlichen Daseins.

Von diesen Methoden kann man selbstverständlich im Kontext fast aller großen religiösen Überlieferungen Gebrauch machen. Wer etwa bei seiner Meditation im Kontext einer theistischen Religion zu viel Dumpfheit und geistige Erschlaffung feststellt, kann Kontemplationen über Gottes Gnade oder die große Barmherzigkeit des göttlichen Wesens zur geistigen Erbauung oder Aufmunterung nutzen. Diese Gedanken können bei Ihnen eine Empfindung der Freude wecken und den Geist aus seiner Dumpfheit herausheben. Entsprechend können Sie, wenn der Geist in der Meditation zu sehr erregt ist, über die Erbsünde nachsinnen oder darüber, dass Sie häufig nicht in der Lage sind, in Einklang mit Gottes Geboten und Lehren zu leben. Das wird sogleich einen Sinn für Bescheidenheit in Ihnen wachrufen und Ihr Hochgefühl mäßigen. Auf diese Weise lassen sich die Meditationsübungen anpassen und in andere Religionen einbeziehen.

Die Essenz der Meditation

Ich fasse zusammen. Um den vier Hindernissen der Meditation zu begegnen – insbesondere den beiden Haupthindernissen Zerstreutheit und geistiger Erschlaffung –, müssen wir, wie wir gesehen haben, zwei wichtige geistige Fertigkeiten geschickt einsetzen: Achtsamkeit und Innenschau. Durch die Innenschau entwickeln wir eine Wachsamkeit, die uns erkennen lässt, ob im betreffenden Moment unser Geist unter dem Einfluss von Erregung oder Ablenkung steht; ferner, ob er gesammelt ist oder in Dumpfheit verfällt. Sobald wir unseren Geisteszustand wahrgenommen haben, erlaubt uns die Achtsamkeit, dass wir unsere Aufmerksamkeit wieder auf das Meditationsobjekt richten und innerlich gesammelt bei diesem verweilen. Daher könnte man sagen, dass es sich bei der Achtsamkeitsübung um die Essenz der Meditation handelt.

Welche Form von Meditation Sie auch praktizieren, es kommt darauf an, ständig Achtsamkeit aufzubringen und eine langfristige Anstrengung auf sich zu nehmen. Von der Meditation innerhalb kurzer Zeit Resultate zu erwarten wäre unrealistisch. Dazu bedarf es fortwährender, ausdauernder Anstrengung.

Gleichgültig, ob man nun diese Bezeichnung verwendet oder nicht – in unserem Lebensalltag kommt die analytische Meditation in fast allen Berufen zum Einsatz. Ein Geschäftsmann zum Beispiel muss, wenn er erfolgreich sein will, über ein erhebliches Maß an Kritikfähigkeit verfügen, bei seinen Geschäften jedes Für und Wider untersuchen und dergleichen mehr. Er macht, ob er sich nun darüber im Klaren ist oder nicht, von denselben analytischen Fertigkeiten Gebrauch, auf die wir in der Meditation zurückgreifen.

Von den beiden Arten der Meditation scheint mir die analytische Meditation im Allgemeinen die stärkeren Auswirkungen auf die Umwandlung von Herz und Geist zu haben.

Die Natur des Bewusstseins

In einem Punkt unterscheiden sich die buddhistischen Lehren von allen anderen klassischen Überlieferungen Indiens: Sie verwerfen den Begriff einer ewigen Seele, eines Selbst, Atman – definiert als eine von unserer körperlichen und geistigen Wirklichkeit unabhängige, unwandelbare und dauerhafte Einheit.

Was wir als das Selbst oder die Person bezeichnen, ist gemäß der buddhistischen Argumentation lediglich im Sinn einer Funktion unserer psychophysischen Bestandteile* zu verstehen. Untersuchen wir deren Natur, so stellen wir fest, dass sie sich unablässig verändern.

---

* In der überlieferten buddhistischen Psychologie gibt es fünf psychophysische Komponenten oder »Anhäufungen« (Skandhas), die in ihrer Gesamtheit unsere Existenz ausmachen: Form, Empfindung, Wahrnehmung, geistige Formkräfte und Bewusstsein. Das erste Skandha bezieht sich auf den Körper, die anderen vier auf den Geist.

Demzufolge kann das Selbst nicht unveränderlich sein. Ferner sind sie vergänglich. Daher kann das Selbst nicht dauerhaft oder ewig sein. Und sie sind vielförmig und zusammengesetzt. Daher kann das Selbst nichts Einheitliches sein. Aus diesen Gründen verwirft der Buddhismus den Begriff einer ewigen, unveränderlichen Seele.

In sämtlichen buddhistischen Schulrichtungen heißt es, man habe die Existenz des Selbst als eine Funktion der körperlichen und geistigen Komponenten des einzelnen Menschen zu verstehen. Mit anderen Worten: Man sollte über das Selbst nicht allein auf der groben Ebene des Körpers Betrachtungen anstellen. Die buddhistischen Schulen definieren das Selbst üblicherweise in Bezug auf das Bewusstseinskontinuum.

Hat das Bewusstsein einen Anfang und ein Ende?

Gewöhnlich stellt sich im Hinblick auf das Selbst eine weitere Frage: Hat es einen Anfang und ein Ende?

Einige buddhistische Schulrichtungen (so diejenige der Vaibhashikas) scheinen die Vorstellung zu akzeptieren, dass das Kontinuum des Selbst an ein Ende gelangen kann. Die meisten Traditionen erklären jedoch, es habe weder Anfang noch Ende. Denn sie verstehen es in Bezug auf das Bewusstseinskontinuum, und die philosophischen Schulrichtungen im Buddhismus machen allgemein geltend, dass wir für das Bewusstsein keinen Anfang postulieren können. Ansonsten müssten wir nämlich zugestehen, dass ein erster Bewusstseinsmoment keine Ursache hätte und von nirgendwo her käme. Das stünde in Widerspruch zu einem Grundprinzip des Buddhismus, dem Gesetz von Ursache und Wirkung.

Für den Buddhismus gilt, dass die Wirklichkeit ihrer Natur nach bedingt ist. Alles entsteht durch das Zusammentreffen bestimmter Ursachen und Bedingungen. Ein Bewusstsein, das ohne Ursache entstehen könnte, würde diesem Grundprinzip widersprechen. Buddhisten sind daher der Auffassung, dass jeder Bewusstseinsmoment durch Ursachen und Bedingungen irgendwelcher Art hervorgebracht werden muss. Unter den vielen in Frage kommenden Ursachen und Bedingungen muss die Hauptursache eine Form von Erfahrung sein, da bloße Materie kein Bewusstsein hervorbringen kann. Bewusstsein muss also von einem vorhergehenden Bewusstseinsmoment herrühren.

Wenn wir den Ursprung der materiellen Welt ausfindig zu machen versuchen, kommen wir – zumindest aus buddhistischer Sicht – zu dem Schluss, dass auch die physische Welt keinen Anfang hat. Durch Analyse können wir ein physisches Objekt auf seine Bestandteile zurückführen, anschließend auf seine Moleküle, seine atomaren Teile und so weiter. Doch auch diese müssen durch entsprechende Ursachen und Bedingungen hervorgebracht worden sein.

Auf welche Ebene bezieht sich das buddhistische Verständnis Von Bewusstsein?

Es wird also behauptet, dass der Geist keinen Anfang hat, und ebenso, dass er kein Ende hat. Denn nichts könnte die grundlegende Existenz unserer Fähigkeit, zu erkennen und zu erfahren, zerstören. Bestimmte Geisteszustände wie etwa unsere Sinneserfahrungen sind von unserem physischen Leib abhängig, und wenn ihre physische Grundlage nicht mehr existiert, zum Zeitpunkt des Todes, können sie verlöschen. Wenn wir davon sprechen, dass das Bewusstseinskontinuum weder Anfang noch Ende hat, sollten wir unser Verständnis von Bewusstsein allerdings nicht auf die grobe Daseinsebene beschränken. Vielmehr nehmen wir im Buddhismus auf eine subtilere Bewusstseinsebene Bezug, insbesondere auf das, was wir als die »lichte Geistesnatur«, als die »strahlende Geistesnatur« bezeichnen: Von ihr erklären wir, dass sie kontinuierlich fortbesteht und kein Ende nimmt. Darauf beruht also die buddhistische Aussage, dass das Selbst keinen Anfang und kein Ende hat.

Wer über das Bewusstsein nachdenkt, neigt im Allgemeinen zu der Annahme, es gebe da eine Art monolithische Einheit namens »Geist«. Dies trifft jedoch nicht zu. Wenn wir etwas gründlicher nachforschen, erkennen wir, dass das so genannte »Bewusstsein« in Wahrheit eine vielfältige und komplexe Welt von Gedanken, Emotionen, Sinneserfahrungen und so weiter umfasst.

Lassen Sie uns, um dies zu verdeutlichen, einmal anschauen, wie wir die Dinge wahrnehmen. Für das Zustandekommen einer Wahrnehmung, müssen bestimmte Bedingungen vorliegen. Zum Beispiel muss im Fall einer visuellen Wahrnehmung ein äußeres Objekt mit dem physischen Organ, unseren Augen, in Kontakt treten, damit ein Wahrnehmungsvorgang stattfindet. Noch eine weitere Bedingung muss erfüllt sein: Das Sinnesorgan muss so mit dem

Objekt in Interaktion treten können, dass dieser Vorgang eine Wahrnehmung hervorruft. Buddhisten würden nun erklären, dass der Geist eine ursprünglich lichte Natur hat, die im »bloßen Faktum« des Erfahrens und Gewahrseins besteht, und dass genau dieses Kontinuum das Zustandekommen von Wahrnehmungen durch den Kontakt zwischen den Sinnesorganen und den entsprechenden Objekten möglich macht. Überdies transzendiert diese dem Geist zu Grunde liegende lichte Natur die vergängliche Existenz einer einzelnen Lebensspanne, da sie eine ununterbrochene Kontinuität aufrechterhält. Das verstehen Buddhisten also unter solchen Formulierungen wie »die anfanglose Natur des Bewusstseins« oder »das Bewusstseinskontinuum«.

Die Frage nach dem »Urknall«

Weiterhin erklären Buddhisten, wie ich bereits erwähnt habe, auch die physische Welt sei in gewissem Sinn ohne Anfang. »Wie verhält es sich aber mit dem Urknall, dem ›Big Bang‹?«, werden Sie vielleicht fragen. »Bestand darin nicht der Beginn des Universums?« Für einen Buddhisten kommt der Urknall als wirklicher Beginn der physischen Welt nicht in Betracht und wirft nur weitere Fragen auf, statt unser Problem zu lösen. Warum zum Beispiel ist es überhaupt zum Urknall gekommen? Welche Bedingungen haben ihn herbeigeführt? Aus buddhistischer Sicht lässt sich auch von der physischen Welt nicht sagen, sie habe einen absoluten Anfang.

Mit der Aussage, die Welt habe keinen Anfang, beziehen wir uns auf eine sehr subtile »atomare« Ebene. Außerdem haben ein einzelnes Universum und ein einzelner Planet sehr wohl in dem Sinn einen Anfang, dass sie zu einem bestimmten Zeitpunkt entstehen und ihr Dasein zu einem anderen Zeitpunkt endet. Wenn wir sagen, die physische Welt sei anfanglos, sprechen wir vom Universum in seiner Gesamtheit.

All dies bringt uns zum Grundprinzip von Ursache und Wirkung zurück. Um dieses Prinzip vollständig zu erfassen, muss man seine Bedeutung im Rahmen kleiner Einzelgeschehnisse ebenso erkennen wie im größeren Zusammenhang.

Warum ein Buddhist das Kausalitätsprinzip verstehen sollte

Weshalb messen die buddhistischen Lehren dem Gesetz von Ursache und Wirkung eine derart große Bedeutung bei? Nicht weil es eine Art göttliches Gesetz ist, sondern weil es uns ein vertieftes Wirklichkeitsverständnis vermittelt. Aus eigener Erfahrung und aufgrund von Beobachtung wissen wir, dass das Entstehen der Dinge und das Eintreten von Ereignissen nicht dem Zufall überlassen bleiben, sondern einer bestimmten Ordnung gemäß erfolgen. Zwischen einzelnen Ereignissen und einzelnen Ursachen besteht eine bestimmte Wechselbeziehung. Außerdem geschieht nichts völlig grundlos. Sobald wir diese beiden Möglichkeiten ausschließen – die Zufälligkeit des Daseins und seine Grundlosigkeit –, müssen wir zwangsläufig die dritte Alternative akzeptieren: die Existenz eines auf einer elementaren Ebene wirksamen Kausalitätsprinzips.

Sie werden sich vielleicht fragen, warum dieses Verständnis von Ursache und Wirkung für einen praktizierenden Buddhisten so wichtig ist. Weil der Buddhismus einer Umwandlung des Geistes und des Herzens, der Verwirklichung von inneren Veränderungen, die unsere Lebens- und Denkweise betreffen, außerordentlich großen Wert beimisst. Außerdem müssen im Buddhismus die Methoden der Kontemplation, Meditation und geistigen Transformation auf etwas tatsächlich Existierendem aufbauen. Falls nämlich unsere Meditationspraxis und die Wirklichkeit nicht in Einklang miteinander stehen, entbehrt die Erwartung, persönliche Entwicklungsfortschritte machen zu können, jeder realen Grundlage. Indem wir ein Wirklichkeitsverständnis entwickeln, es vertiefen und weiterentwickeln, können wir also beginnen, die Meditationsmethoden auf uns selbst anzuwenden, und so eine innere Wandlung einleiten.

Der Stellenwert eines rational begründeten Verständnisses

Generell betont der Buddhismus, wie wichtig es ist, im Umgang mit jedem beliebigen Untersuchungsgegenstand ein rational begründetes Verständnis zu entwickeln. Dem liegt schlicht die Annahme zu Grunde, dass ein besseres Verständnis der Dinge positive Auswirkungen auf unser Herz und unseren Geist hat und dass erst durch eine Erweiterung unseres Verständnis- und Wissenshorizonts der innere Wandel tatsächlich vollzogen wird. Darum heißt es, viele tiefgründige Ebenen spiritueller Verwirklichung seien das Ergebnis von Wissen, Einsicht und Verständnis. Die Entwicklung von Einsicht wird somit als ein entscheidendes Element des gesamten spirituellen Weges angesehen.

Die Religionen: Wege zur Überwindung von Leid

Die Fähigkeit, aufgrund von Einsicht bestimmte Methoden anzuwenden, um unser Leid zu überwinden und das Glück zu erlangen, nach dem wir uns alle sehnen, ist eine besondere Gabe, die uns Menschen von anderen Lebewesen unterscheidet. Als Ergebnis tief gehender Untersuchungen und Analysen der menschlichen Erfahrungen von Glück und Leid haben sich im Laufe der Zeit zahlreiche religiöse Systeme von unterschiedlicher Beschaffenheit herausgebildet. Aber das eine gemeinsame Ziel, die Überwindung des Leids, inspiriert sie alle. Diese Glaubensrichtungen und Systeme spiritueller Praxis sind Methoden, mit deren Hilfe Menschen – in der Einsicht, dass sie mit den vor ihnen liegenden Herausforderungen nicht alleine fertig werden – ihre Probleme zu lösen und das erstrebte Glück zu erreichen versuchen. Zeit, Ort und kultureller

Hintergrund erklären die Vielfalt der religiösen Überlieferungen, die sich in verschiedenen Teilen der Welt etabliert haben. Und da es selbst in einer einzigen Gemeinschaft unterschiedliche Bedürfnisse gibt, sind auch innerhalb der Religionen Unterabteilungen und Nebenströmungen entstanden. Eines jedoch verbindet all diese Religionen oder Glaubenssysteme, ihre gemeinsame Botschaft an die ganze Menschheit: Sei ein guter Mensch, und entwickle Herzensgüte, ein gutes, mitfühlendes Herz.

Mitgefühl und Einfühlungsvermögen

Was ist Mitgefühl? – Der Wunsch, dass andere frei sein mögen von Leid. Mitgefühl ermöglicht es uns, nach Erleuchtung zu streben. Mitgefühl motiviert und inspiriert uns zur Ausübung jener heilsamen Praktiken, die zur Buddhaschaft führen. Daher sollten wir großen Eifer daransetzen, wirkliches Mitgefühl zu entwickeln.

In einem ersten Schritt auf dem Weg zu einem mitfühlenden Herzen müssen wir Einfühlungsvermögen entwickeln, Nähe zu anderen Menschen. Außerdem müssen wir erkennen, wie schwerwiegend ihre Not und ihr Leid sind. Je näher wir uns einem Menschen fühlen, umso unerträglicher finden wir es, wenn der oder die Betreffende leidet. Ich spreche nicht von körperlicher Nähe, ebenso wenig muss eine emotionale Nähe im Spiel sein. Hier geht es um Verantwortungsgefühl, um das Gefühl, sich um einen anderen Menschen kümmern zu wollen. Damit solch eine Nähe entstehen kann, sollten wir uns darauf besinnen, wie wohltuend es ist, für das Wohl der anderen zu sorgen. Wir werden feststellen, dass uns dies innerlich glücklich und zufrieden macht. Uns muss klar werden, wie sehr andere uns respektieren und uns mögen, wenn wir ihnen mit dieser Einstellung begegnen. Zugleich sollten wir uns darauf besinnen, welche Mängel dem Egoismus anhaften: Aus Egoismus handeln wir zum Nachteil der anderen, und er bringt es mit sich, dass unser gegenwärtiges Glück, unser gegenwärtiger Wohlstand auf Kosten der weniger Glücklichen gehen. Das sollten wir uns vor Augen halten.

Eine Kontemplation über die Güte der anderen Wesen

Zugleich ist es wichtig, uns über die Güte der anderen Gedanken zu machen. Auch dies ist eine aus dem Einfühlungsvermögen, das wir entwickeln, geborene Einsicht. Wir müssen erkennen, dass unser Glück und Wohlergehen in der Tat auf der Mitwirkung anderer Menschen beruhen und sie vielfältigen Anteil daran haben. Wenn wir uns die Häuser anschauen, in denen wir leben und arbeiten, die Straßen, die wir befahren, die Kleidung, die wir tragen, oder die Nahrung, die wir zu uns nehmen, so müssen wir einräumen, dass uns all dies von anderen zur Verfügung gestellt wird. Ohne die Güte so vieler uns unbekannter Menschen hätten wir all diese Dinge nicht zur Verfügung, könnten wir sie nicht nutzen. Durch eine entsprechende Kontemplation wächst unsere Wertschätzung für andere, unser Einfühlungsvermögen nimmt zu, und wir fühlen uns ihnen näher.

Wir sollten uns bemühen zu erkennen, wie sehr wir auf diejenigen, für die wir Mitgefühl empfinden, angewiesen sind. Diese Erkenntnis bringt sie uns noch näher. Ständige Aufmerksamkeit ist vonnöten, damit wir andere aus einer weniger selbstbezogenen Warte wahrnehmen. Wir sollten zu begreifen versuchen, welch eminent wichtige Rolle sie für unser Wohlergehen spielen. Wenn wir standhaft genug sind, nicht unserem Hang zu einer selbstbezogenen Sicht der Dinge zu erliegen, können wir uns stattdessen eine Sicht aneignen, in der jedes Lebewesen Berücksichtigung findet.

Allerdings dürfen wir nicht erwarten, dass sich unsere Wahrnehmung der anderen plötzlich und unvermittelt verändert.

Das Leid der anderen erkennen

Sobald wir Einfühlungsvermögen und ein Gefühl der Nähe entwickelt haben, besteht unsere nächste wichtige Praxis zur Kultivierung von Mitgefühl in der Einsicht in die Natur des Leids. Unser Mitgefühl für alle empfindenden Wesen muss der Einsicht entspringen, dass sie leiden. Ein besonderes Merkmal kennzeichnet die Kontemplation über das Leid: Sie ist im Allgemeinen dann am intensivsten und wirkungsvollsten, wenn wir zunächst den Blick auf unser eigenes Leid richten und die so gewonnene Erkenntnis anschließend auf das Leid der anderen ausdehnen. Je klarer wir uns ihr Leid vor Augen führen, umso stärker wird unser Mitgefühl für sie werden.

Wir alle empfinden eine natürliche Sympathie für jemanden, der sichtlich unter einer schmerzhaften Krankheit oder unter dem Verlust eines ihm nahe stehenden Menschen leiden zu hat. Diese Art von Leid wird im Buddhismus das Leid angesichts des Leidens genannt.

Schon schwerer fällt es uns, Mitgefühl zu empfinden, wenn jemandem das widerfährt, was man im Buddhismus das Leid angesichts der Veränderung nennt. Denn nach herkömmlichen Maßstäben würde man solche Erfahrungen – etwa den Ruhm oder Reichtum, dessen sich jemand erfreut – als angenehm bezeichnen. Tatsächlich aber handelt es sich hier um eine zweite Art von Leid. Doch statt angesichts derartiger weltlicher Erfolge Mitgefühl zu empfinden – in dem Bewusstsein, dass es damit schließlich irgendwann ein Ende haben und der oder die Betreffende über diesen Verlust enttäuscht sein wird –, reagieren wir oft mit einem Gefühl der Bewunderung, manchmal gar des Neids. Ein fundiertes Verständis des Leids und seiner Natur ließe uns erkennen, dass die Erfahrung von Ruhm und Reichtum vergänglich ist und die Freude, die sie uns bereiten kann, naturgemäß enden und dann Leid hervorrufen wird.

Kann schon unsere bloße Existenz eine Form von Leid sein?

Daneben gibt es eine weitere, tiefer liegende Ebene des Leids. Dies ist die subtilste Form des Leids, ein Leid, das wir unablässig erleben, weil es sich aus dem Daseinskreislauf selbst ergibt. Denn es entspricht der Natur des Daseinskreislaufs, dass wir fortwährend von negativen Emotionen und Gedanken beherrscht werden. Und solange diese uns beherrschen, ist bereits unsere bloße Existenz eine Form von Leid. Solch ein Leid zieht sich durch unser gesamtes Leben und führt uns immer wieder aufs Neue in den Teufelskreis von negativen Emotionen und unheilvollen Handlungen. Allerdings ist diese Form des Leids nur schwer zu erkennen. Weder handelt es sich um die offensichtliche Form von Kummer und Leid, mit der wir es beim Leid angesichts des Leidens zu tun haben; noch um das Gegenteil von Glück und Wohlergehen wie beim Leid angesichts der Veränderung.

Dennoch reicht dieses allgegenwärtige Leid außerordentlich tief und durchdringt sämtliche Daseinsaspekte.

Sind wir erst in unserem persönlichen Erfahrungskontext zu einem tiefgründigen Verständnis dieser drei Ebenen des Leids gelangt, fällt es uns leichter, mit Blick auf andere über diese drei Ebenen nachzudenken. So können wir dann den Wunsch entwickeln, dass sie von jedwedem Leid befreit werden mögen.

Sobald wir in der Lage sind, unser Einfühlungsvermögen in andere Menschen mit einem gründlichen Verständnis des Leids, das sie erleben, zu verbinden, können wir wirkliches Mitgefühl für sie entwickeln. Das erfordert unser ständiges Bemühen.

Wir können diesen Prozess mit dem Entfachen eines Feuers durch das Aneinanderreiben zweier Stöcke vergleichen. Wie wir wissen, müssen wir unablässig für Reibung sorgen, um

ganz allmählich einen Temperaturanstieg zu erzielen und das Holz zum Glimmen zu bringen,
bis es schließlich Feuer fangen kann.

Entsprechend müssen wir in dem Bemühen,
Geistesqualitäten wie etwa Mitgefühl zu entwickeln, auch im geistigen Bereich unermüdlich
jene Techniken anwenden, deren es zur Her-
beiführung des gewünschten Resultats bedarf.
Wenn wir hingegen je nach Lust und Laune
mal so und mal anders verfahren, bringt uns das
nicht wirklich weiter.

Herzensgüte

Wie Mitgefühl in dem Wunsch besteht, dass alle empfindenden Wesen frei sein mögen von Leid, so beinhaltet Herzensgüte – oder liebevolle Güte – den Wunsch, dass alle Wesen glücklich sein mögen. Um Herzensgüte zu entwickeln, sollten wir, genau wie beim Mitgefühl, zu Beginn einen bestimmten Menschen in den Mittelpunkt der Meditation rücken, dann allmählich einen immer größeren Personenkreis berücksichtigen, bis wir zu guter Letzt alle empfindenden Wesen vor Augen haben und in unseren Wunsch einbeziehen. Auch hier wählen wir zunächst einen Menschen, zu dem wir ein neutrales Verhältnis haben und der keine starken Gefühle bei uns hervorruft, als Gegenstand unserer Meditation. Anschließend dehnen wir diese Meditation auf einzelne Freunde und Familienmitglieder aus, und schließlich auf ausgesprochene Feinde.

Wir sollten eine reale Person in den Mittelpunkt unserer Meditation stellen, damit unser

Mitgefühl für diese Person und das Gefühl von Herzensgüte, das wir für sie empfinden, so intensiv werden können, dass wir auch für andere wirkliches Mitgefühl und wirkliche Herzensgüte empfinden. Dabei beschäftigen wir uns jeweils nur mit einer einzigen Person. Andernfalls würden wir letzten Endes womöglich in einem ganz vagen Sinn über Mitgefühl für sämtliche Wesen meditieren: Niemand stünde im Mittelpunkt unserer Meditation, und so könnte sie keine große Wirkung entfachen. Beziehen wir dann jedoch diese Meditation tatsächlich auf bestimmte Menschen, die wir nicht mögen, könnten wir vielleicht denken: »Oh, für diesen Menschen gilt das nicht, er bleibt davon ausgenommen.«

Wie meditiert man über Mitgefühl und Herzensgüte?

Wenn wir wirklich den Wunsch haben, Mitgefühl zu entwickeln, so müssen wir dafür mehr als nur die Zeit aufwenden, die uns im Rahmen unserer formalen Meditationssitzungen zur Verfügung steht. Dies ist ein Ziel, dem wir uns von ganzem Herzen widmen sollten. Wenn wir uns täglich zu einer bestimmten Zeit hinsetzen und in Kontemplation vertiefen können, ist das sehr vorteilhaft: Frühmorgens lässt sich solch eine Kontemplation gut durchführen, weil unser Geist dann besonders klar ist. Doch es genügt nicht, wenn wir uns *nur* in dieser Zeit damit befassen, Mitgefühl zu entwickeln.

Während unserer eher formalen Sitzungen können wir zum Beispiel daran arbeiten, Einfühlungsvermögen und ein Gefühl der Verbundenheit mit anderen zu entwickeln. Wir denken darüber nach, wie sehr ihnen ihre unglückselige, von Kummer und Leid geprägte Situation zu schaffen macht. Und haben wir dann echtes Mitgefühl in uns hervorgebracht, sollten wir es aufrechterhalten. Wir sollten einfach dieses Mitgefühl erfahren und spüren und die meditative Stabilisierung, die ich bereits beschrieben habe (siehe S. 23 ff.), nutzen, um einsgerichtet in dieser Erfahrung zu verweilen, ohne Gedanken nachzugehen oder Überlegungen anzustellen. So können wir diese Erfahrung voll und ganz in uns aufnehmen. Und wenn das Gefühl nachzulassen beginnt, greifen wir wieder auf rationale Überlegungen zurück, um erneut unser Mitgefühl hervorzurufen. Wir wechseln zwischen der einen und der anderen Meditationsmethode hin und her, ähnlich wie Töpfer ihren Ton bearbeiten, indem sie ihn je nach Bedarf anfeuchten oder modellieren.

Am besten sollten wir anfangs nicht zu viel Zeit mit formaler Meditation verbringen. Wir brauchen nicht von heute auf morgen Mitgefühl für alle empfindenden Wesen zu entwickeln. Innerhalb eines Monats oder eines Jahres wird uns das auch nicht gelingen. Wenn wir unsere egoistischen Verhaltensmuster reduzieren und etwas mehr Interesse für andere aufbringen können, bevor wir sterben, haben wir unser Leben gut genutzt.

Falls wir uns jedoch selbst unter Druck setzen, um binnen kurzer Zeit Buddhaschaft zu erreichen, werden wir unserer Praxis bald überdrüssig sein. Allein schon der Anblick des Platzes, auf dem wir unsere Morgenmeditation durchführen, wird dann Widerstände in uns wecken.

Echtes Mitgefühl

Echtes Mitgefühl setzt voraus, dass wir allen empfindenden Wesen Gleichmut entgegenbringen. Unser gewöhnlicher Geisteszustand ist sehr voreingenommen. Wir haben eine distanzierte Haltung zu Menschen, die wir als unfreundlich oder als Feinde ansehen. Unseren Freunden gegenüber empfinden wir hingegen ein unverhältnismäßig starkes Gefühl der Nähe, der Anhaftung. Wir können beobachten, welchen Schwankungen und Vorlieben unsere emotionale Reaktion auf andere unterliegt. Solange wir diese Abhängigkeit nicht überwinden, haben wir keine Chance, echtes Mitgefühl hervorzubringen. Vielleicht sind wir imstande, manchen Menschen ein gewisses Maß an Mitgefühl entgegenzubringen. Doch solange dieses Mitgefühl nicht auf tief empfundenem Gleichmut beruht, bleibt es voreingenommen, denn es ist mit Anhaftung vermischt.

Betrachten Sie mit Anhaftung vermischtes Mitgefühl, so werden Sie erkennen, dass dieses gemischte Gefühl – wie intensiv und stark es auch sein mag – auf Ihrer Projektion beruht: Sie projizieren bestimmte positive Eigenschaften auf diejenige Person, auf die sich Ihr Mitgefühl richtet, gleichgültig, ob es sich nun um einen engen Freund, ein Familienmitglied oder wen auch immer handelt. In Abhängigkeit von Ihrer sich ständig wandelnden Haltung dieser Person gegenüber werden sich Ihre emotionalen Empfindungen ebenfalls wandeln. In einer freundschaftlichen Beziehung beispielsweise können Sie womöglich in einem Menschen ganz plötzlich nicht mehr die guten Eigenschaften erkennen, die Sie zuvor wahrgenommen haben. Und diese veränderte Haltung würde sich dann sogleich auf Ihre Empfindungen jenem Menschen gegenüber auswirken.

Echtes Mitgefühl andererseits entspringt aus der klaren Einsicht in die Leiderfahrung desjenigen, dem dieses Mitgefühl gilt, und aus der daraus erwachsenden Erkenntnis, dass dieses Geschöpf Mitgefühl und Zuneigung verdient. Jede mitfühlende Empfindung, die aus dieser zweifachen Einsicht hervorgeht, kann keiner Schwankung unterliegen. Es spielt dann keine Rolle, wie jenes Wesen, dem Ihr Mitgefühl gilt, auf Sie reagiert. Selbst wenn es sehr negativ reagiert, wird dies Ihr Mitgefühl nicht beeinflussen. Ihr Mitgefühl wird gleich bleiben oder sogar noch kraftvoller werden.

Falls Sie die Natur des Mitgefühls sorgfältig untersuchen, werden Sie auch herausfinden, dass Sie echtes Mitgefühl selbst auf Ihre Feinde und auf diejenigen ausdehnen können, von denen Sie meinen, sie seien Ihnen gegenüber feindselig eingestellt. Im Gegensatz dazu lässt sich mit Anhaftung vermischtes Mitgefühl nicht auf jemanden ausdehnen, den Sie als Ihren Feind ansehen. Herkömmlicherweise bezeichnen wir entweder denjenigen als unseren Feind, der uns direkt Leid zufügt beziehungsweise uns verletzt, oder aber jemanden mit der entsprechenden Motivation: jemanden, der die Absicht hat, uns Leid zuzufügen. Die Erkenntnis, dass solch ein Mensch fest entschlossen ist, Ihnen Leid zuzufügen oder Sie zu verletzen, kann keine Empfindung von Nähe, kein Einfühlungsvermögen aufkommen lassen, solange solche Empfindungen sich nur bei einem Menschen einstellen, an dem Sie emotional anhaften.

Echtes Mitgefühl hingegen – ein Mitgefühl, das auf der klaren Erkenntnis beruht: auch dieser andere Mensch erfährt Leid, obwohl er ganz genauso wie Sie das natürliche und instinktive Verlangen hat, nach Glück zu streben und das Leid zu überwinden – kann durch die Erkenntnis, dass ein anderer Ihnen Leid zufügen will, nicht untergraben werden.

Echtes Mitgefühl äußert sich vollkommen spontan

Wie es heißt, kann man den Zustand höchster Buddhaschaft innerhalb *eines* Menschenlebens erreichen. Dies gilt allerdings für außergewöhnliche Praktizierende, die viele vorausgegangene Leben damit verbracht haben, sich auf diese Möglichkeit vorzubereiten. Wir können für solche Wesen nur Bewunderung empfinden und uns an ihnen ein Beispiel nehmen, um Beharrlichkeit zu entwickeln, statt vor lauter Ehrgeiz in irgendein Extrem zu verfallen. Am besten schlägt man einen Mittelweg ein zwischen Trägheit und fanatischem Eifer.

Wir sollten sicherstellen, dass unsere Meditation sich auf all unser Tun auswirkt und es beinflusst. Sie sollte also für unsere Alltagshandlungen in der Weise maßgebend sein, dass einfach alles, was wir außerhalb unserer formalen Meditationssitzungen tun, zum Bestandteil unserer Übung in Mitgefühl wird. Für ein Kind im Krankenhaus oder für einen Menschen aus unserem Bekanntenkreis, der den Tod seines Ehepartners beklagt, Sympathie aufzubringen fällt uns nicht schwer. Wir sollten uns jetzt aber Gedanken machen, wie wir auch für diejenigen ein offenes Herz haben können, die wir normalerweise beneiden, weil sie sich an Reichtum und einem Leben im Luxus erfreuen. Aufgrund einer immer tieferen Einsicht in die Natur des Leids, die wir aus unseren Meditationssitzungen gewinnen, können wir auch solchen Menschen Mitgefühl entgegenbringen.

Zu guter Letzt sollten wir in der Lage sein, zu allen Wesen solch eine von Mitgefühl geprägte Beziehung zu haben, indem wir erkennen, dass ihre Situation stets von den Bedingungen dieses mit Unzulänglichkeiten behafteten Daseinskreislaufs abhängt. So bewirkt dann jede Handlung im Umgang mit anderen, dass unser Mitgefühl zunimmt und wir auch im Alltag, außerhalb der formalen Meditationspraxis, unsere Offenheit wahren.

Echtes Mitgefühl hat die Intensität und Spontaneität einer liebenden Mutter, die sich um ihr krankes kleines Kind kümmert. Von morgens bis abends durchdringt die Sorge um das Kind all ihr Denken und Handeln. Wir bemühen uns, jedem einzelnen Wesen gegenüber solch eine Einstellung zu entwickeln. Machen wir diese Erfahrung, so haben wir »großes Mitgefühl« hervorgebracht.

Mitgefühl als Weg
zur Erleuchtung

Wenn man dann von großem Mitgefühl und Herzensgüte tief bewegt und von altruistischen Gedanken im Innersten ergriffen ist, gelobt man, sich für die Befreiung sämtlicher Wesen von all dem Leid einzusetzen, das diese im Daseinskreislauf – jenem Teufelskreis von Geburt, Tod und Wiedergeburt, in dem wir gefangen sind – ertragen müssen. Leid erfahren wir nicht nur in unserer derzeitigen Situation. Aus buddhistischer Sicht haben wir es in unserer gegenwärtigen Daseinssituation als Mensch vergleichsweise leicht. Jedoch stehen uns für die Zukunft sehr schwierige Erfahrungen bevor, falls wir diese jetzt sich bietende Gelegenheit ungenutzt verstreichen lassen.

Mitgefühl verhilft uns dazu, nicht länger selbstbezogen zu denken. So empfinden wir große Freude und verfallen nie in das Extrem, Glück und Befreiung nur für uns allein anzustreben. Unablässig bemühen wir uns, die Geistesqualitäten und das Weisheitswissen weiterzuentwickeln und zur Vollendung zu bringen. Dank solchen Mitgefühls werden wir schließlich über all die Voraussetzungen verfügen, die wir zur Erleuchtung brauchen. Darum müssen wir in unserer spirituellen Praxis gleich von Anfang an Mitgefühl entwickeln.

Eine persönliche Erfahrung

Vor einiger Zeit bin ich jemandem begegnet, dessen Geist, wie man mir sagte, schwer gestört war. Anfangs wandte ich all meine Vernunft auf, um ihm Mut zu machen. Da wir Menschen solch ein leistungsfähiges menschliches Gehirn und große Intelligenz besitzen, so erklärte ich ihm, gebe es für ihn doch keinen Grund, mutlos zu sein. Ich wies ihn darauf hin, dass wir mit der nötigen Entschlossenheit all unsere menschlichen Probleme lösen und alle Hindernisse überwinden können und er sich daher nicht sorgen, nicht entmutigt oder deprimiert sein müsse.

Ich persönlich finde diese Art von Argumentation immer recht wirkungsvoll. Hier versagte sie allerdings. Mein Gegenüber war von diesem Gedankengang keineswegs beeindruckt. Im Gegenteil, statt ihn zu würdigen, entwickelte er eine Haltung, die dem eher zuwiderlief. Nachdem er sich angehört hatte, was ich zu sagen hatte, wurde er noch unruhiger und fragte mich: »Was scheren Sie sich um meine Probleme? Wie kann ich wissen, ob Ihre Haltung aufrichtig ist oder nicht?«

Das machte mich wirklich traurig. Ich war auch ziemlich bewegt, und als ich irgendetwas erklärte, streckte ich meine Hand nach ihm aus und streichelte seinen Arm. Es war eine ganz natürliche Geste, ein aufrichtiger Ausdruck dessen, was ich fühlte. Langsam kam ein Stimmungsumschwung in Gang. Ich konnte sehen, wie sein Gesicht sich allmählich veränderte, und schließlich begann er zu lächeln. Das machte mich zuversichtlicher, und ich verstärkte diesen Ausdruck der Zuneigung. Am Ende überzog ein breites Lächeln sein Gesicht.

Ich sagte ihm: »Bitte betrachten Sie mich als einen alten Freund. Sie können mich jederzeit besuchen kommen. Ich bin bereit, alles zu tun, was ich kann, um Ihnen zu helfen. Ich stehe

Ihnen stets zu Diensten.« Als ich das sagte, wurde seine Stimmung sichtlich glücklich und freudig. Am nächsten Tag kam er, um mich wiederzusehen. Schon als er ankam, machte er einen glücklichen Eindruck. Dennoch versuchte er, es sich nicht anmerken zu lassen, und lächelte nicht. Wie dem auch sei, dieser Vorfall war für mich eine weitere Bestätigung dafür, welch bemerkenswerte Wirkung echtes Mitgefühl, wahre Liebe oder Altruismus auf den Geist anderer Menschen haben können: Sie können Furcht und Argwohn beseitigen, Gefühle von Unsicherheit und Misstrauen lindern.

Mehr als bloßes Mitleid

Mitgefühl wird gelegentlich dahin gehend missverstanden, als sei es gleichbedeutend mit Mitleid. Tatsächlich ist Mitgefühl jedoch weit mehr. Es beinhaltet nicht nur ein Gefühl von Nähe, sondern auch Verantwortlichkeit. Wenn Sie Mitgefühl entwickeln, verhilft Ihnen dies zu innerer Stärke und Selbstbewusstsein. Gefühle von Angst und Unsicherheit hingegen nehmen ab. Die durch eine altruistische Haltung verkörperten Qualitäten von Mitgefühl und Liebe sind also von immenser Bedeutung – für den Einzelnen, die Gesellschaft und die gesamte menschliche Gemeinschaft.

Nichts steht dem Mitgefühl und der Liebe so sehr im Wege wie Wut und Hass. Damit wir Mitgefühl entwickeln können, kommt es daher ganz entscheidend darauf an, mit der eigenen Wut umgehen zu lernen und mit ihr fertig zu werden. Wenn Sie nicht in der Lage sind, Gegenmittel anzuwenden (siehe S. 16 ff.) und die eigene Wut zu überwinden, wird es ziemlich schwierig sein, Mitgefühl zu entwickeln und es wachsen zu lassen.

Freunde

Eines ist ziemlich klar: Als Menschen brauchen wir Freunde, und Freunde gewinnt man nicht durch Streitereien, Wut oder Eifersucht. Die einzige Eigenschaft, die echte Freundschaft anzieht, ist Zuneigung. Manchmal haben wir vielleicht den Eindruck, durch Geld, Macht und Einfluss würden wir automatisch Freunde gewinnen. Aber einer genaueren Prüfung hält diese Vorstellung nicht stand. Diejenigen, die mit einem breiten Lächeln im Gesicht auftauchen, sobald Sie Macht und Geld haben, sind keine echten Freunde für Sie persönlich, sondern Freunde des Geldes oder Freunde der Macht. Das ist offensichtlich.

Solange Sie über Macht oder Reichtum verfügen, sind diese Freunde immer da. Selbst wenn Sie sie abweisen, werden sie zurückkommen.

Wenn Sie jedoch kein Geld und keine Macht mehr haben, sind diese so genannten Freunde spurlos verschwunden. Es kann sogar schwierig sein, herauszufinden, wo sie sich aufhalten. Versuchen Sie anzurufen, so erhalten Sie keine Antwort – oder höchstens eine ganz kurze!

Kurzum, diese Freunde denken nur an Geld und Macht. Wann aber brauchen wir einen Freund am meisten? Solange wir wohlhabend sind und alles gut läuft, benötigen wir Freunde nicht gar so dringend. Wir kommen gut alleine zurecht. Wenn uns jedoch unser Glück verlässt, brauchen wir Freunde. Freunde der gerade beschriebenen Art sind dann allerdings wirklich nutzlos.

Sie werden echte Freunde haben, wenn Ihre Geisteshaltung aufrichtig und wirklich altruistisch ist. Gewöhnlich sagen die Leute, wie sehr sie ein Lächeln lieben. Es muss aber ein aufrichtiges Lächeln sein. Manches Lächeln hat etwas ausgesprochen Gekünsteltes an sich. Statt uns zu erfreuen, macht es uns nur misstrauisch. Ein aufgesetztes Lächeln ist zu nichts nutze. Ein aufrichtiges Lächeln hingegen ist, so glaube ich, einzig und allein uns Menschen gegeben. Wenn Sie diese altruistische Haltung hegen beziehungsweise anderen mit aufrichtigem Respekt begegnen, können Sie auf dieser Basis das Gefühl entwickeln, dass alle Menschen Brüder und Schwestern sind.

Das Ziel der menschlichen Aktivitäten

Es mag viele Faktoren oder Variablen geben, die beeinflussen, inwieweit die Arbeit zum Glück beiträgt, und es hängt von den Lebensumständen jedes einzelnen Menschen, seiner Veranlagung und so weiter ab. Doch wenn wir über das Thema Arbeit und das Glück sprechen, sollten wir auch ein paar allgemeine Dinge im Auge behalten. Meines Erachtens ist es wichtig, sich zu erinnern, dass bei allen menschlichen Aktivitäten – sei es eine Arbeit oder anderes – das Hauptziel darin bestehen sollte, dem Wohl anderer Menschen zu dienen. Denn was suchen wir eigentlich in unserer Arbeit, welches Ziel verfolgen wir dabei? Wie bei jeder anderen menschlichen Aktivität suchen wir Erfüllung, Befriedigung und Glück, nicht wahr? Und wenn wir über das menschliche Glück sprechen, dann kommen natürlich Emotionen ins Spiel. Daher sollten wir den menschlichen Beziehungen am Arbeitsplatz ganz besondere Aufmerksamkeit schenken, darauf achten, wie wir miteinander umgehen, und versuchen, grundlegende menschliche Werte bei der Arbeit zu bewahren.

Ich denke, wenn wir über menschliche Werte, Mitgefühl und so weiter sprechen, so sollten wir nie vergessen, dass dies nicht nur religiöse Themen sind. Weder sollte Mitgefühl als etwas Heiliges, noch sollten Wut und Hass – einzig von der religiösen Perspektive aus – als profan angesehen werden. Diese Dinge sind nicht deshalb wichtig, weil einige religiöse Texte das behaupten, sondern weil tatsächlich unser Glück davon abhängt. Solche Geistesverfassungen wie Mitgefühl und menschliche Zuneigung dienen unserem Wohlergehen, indem sie eine positive Auswirkung auf unsere körperliche, geistige und emotionale Gesundheit haben, auf unsere Beziehungen bei der Arbeit und zu Hause. Sie dienen damit letztlich auch dem Wohlergehen der Gesellschaft. Und sie dienen unserem eigenen Wohlergehen.

Kultivieren wir Mitgefühl, dann profitieren in erster Linie wir selbst davon. Schließlich sind wir Menschen soziale Wesen, dafür geschaffen, mit anderen zusammenzuarbeiten, um zu überleben. Ganz gleich, wie mächtig ein Mensch sein mag, ohne menschliche Gefährten kann er nicht überleben. Und ganz bestimmt kann er ohne Freunde kein glückliches oder erfülltes Leben führen. Sind Sie also in Ihrer Arbeit warmherzig und voller menschlicher Zuneigung, so wird Ihr Geist ruhiger und friedlicher, und Sie werden dadurch eine gewisse Stärke gewinnen. Zudem werden Ihre geistigen Fähigkeiten besser zum Tragen kommen können, Sie werden über ein besseres Urteilsvermögen und mehr Entschlusskraft verfügen.

Welche Rolle spielt das Geld

Wenn zunächst einmal die Arbeit für viele Menschen nichts anderes ist als ein Mittel, um Geld zu verdienen, so ist daran nichts verkehrt. Da jeder Mensch zum Überleben in der modernen Industriegesellschaft seinen eigenen Weg finden muss, um seinen Lebensunterhalt zu verdienen, ist diese Einstellung sehr realistisch. Insbesondere wenn der Betreffende eine Familie, vielleicht noch kleine Kinder, ernähren muss, hat eine solche Motivation auch etwas Nobles.

Allerdings entsteht daraus ein Problem, wenn die Motivation, Geld zu verdienen, zum Selbstzweck wird. Dann verlieren wir den eigentlichen Zweck des Geldverdienens aus den Augen: sich mit den notwendigen Mitteln zu versehen, um etwas zu erreichen. Geld an sich ist nur ein Stück Papier. Erst der Wert, den wir ihm gesellschaftlich zuschreiben, macht es zu etwas Wertvollem. Das Papier selbst ist verschwindend wenig wert. Sein wahrer Wert liegt in dem ihm zugemessenen Preis, der Zahl, die auf dem Papier steht. Das mag albern klingen, aber ich glaube, es ist wichtig, sich zuweilen an diese einfache Tatsache zu erinnern.

Wenn wir dem Geld um des Geldes willen nachjagen, macht es uns zu Opfern einer unersättlichen Gier. Das ist das Problem. Wir bekommen nie genug. Wir werden zu Sklaven des Geldes. Ich habe einige Freunde, die hierhin und dorthin rennen und im Streben nach immer mehr Geld durch die ganze Welt reisen. Manchmal necke ich sie damit, nenne sie Sklaven des Geldes. Aber sie halten niemals inne, um darüber nachzudenken, warum sie das tun. Höchstens halten sie inne, um herauszufinden, wie sie noch mehr Geld verdienen können. Würde ihr Streben ihnen jenes Glück und jene Erfüllung verschaffen, die sie im Leben suchen, dann wäre es wohl irgendwie gerechtfertigt. Doch das ist nicht der Fall. Denn sie geben sich ja niemals mit irgendetwas zufrieden.

Außer wenn Sie zu einem der reichsten Menschen der Welt würden, was äußerst unwahrscheinlich ist, wird es immer jemanden geben, der mehr Geld hat als Sie. Und wenn Sie etwas bekommen, wollen Sie immer noch mehr. Wenn Sie eine Million verdienen, wollen Sie zehn Millionen, und wenn Sie zehn Millionen haben, wollen Sie hundert Millionen. Sofern wir nicht lernen zu sagen, »das genügt mir jetzt«, können wir niemals wahrhaft zufrieden sein.

Gleichgültig aber, über welche Reichtümer und sonstigen Mittel Sie in diesem Leben verfügen – im Augenblick des Todes wird Ihnen das überhaupt nicht weiterhelfen. Selbst wenn Sie zu großem Reichtum gelangt, ja zum Millionär oder Milliardär geworden sein sollten, spielt das an Ihrem Todestag keine Rolle. Wie viel Geld auch immer Sie auf der Bank haben mögen, nicht einen einzigen Cent können Sie mitnehmen. Ob nun ein reicher oder ein armer Mensch stirbt, im Angesicht des Todes sind beide gleich.

Unsere Freunde, die Familie und die wertvollen Habseligkeiten, die wir im Lauf unseres Lebens so sorgsam angesammelt haben – nichts von alledem wird uns zum Zeitpunkt des Todes in irgendeiner Weise von Nutzen sein. Ja nicht einmal mit dem eigenen Körper, unserem kostbaren Fahrzeug für dieses Leben, können wir dann noch etwas anfangen. Derartige Überlegungen helfen uns, nicht so sehr in den Angelegenheiten dieses augenblicklichen Lebens befangen zu sein.

Gleichwohl ist es von entscheidender Bedeutung, dass wir uns über den großen Wert unseres menschlichen Daseins im Klaren sind: über das Potenzial und die Möglichkeiten, die unser kurzes Leben für uns bereithält. Denn nur als Mensch verfügen wir über die Möglichkeit, echte Veränderungen im Leben zu erzielen. Tieren kann man vielleicht manch ausgeklügeltes Kunststück beibringen, und sie haben ihren unbestreitbaren Wert für die menschliche Gemeinschaft. Doch aufgrund ihrer eingeschränkten geistigen Möglichkeiten kann es in ihrem Leben weder ein bewusstes, von ihnen selbst ausgehendes Bestreben geben, heilsame Eigenschaften zu entwickeln, noch die Erfahrung einer wirklichen spirituellen Veränderung.

Die Kluft zwischen Arm und Reich

Zu den schlimmen Problemen, mit denen wir heutzutage konfrontiert sind, gehört die Kluft zwischen Arm und Reich. In den USA zum Beispiel haben frühere Generationen den Ideen von Demokratie, Freiheit, Gleichheit und Chancengleichheit für jeden Bürger Geltung verschafft. All dies wird durch eine wundervolle Verfassung verbürgt. Doch nimmt in diesem Land die Zahl der Milliardäre zu. Zugleich bleiben die Armen weiter arm, ja in manchen Fällen werden sie immer ärmer. Das ist höchst bedauerlich!

Unter anderem hat mir einer meiner älteren Brüder, der inzwischen nicht mehr lebt, von diversen Erfahrungen bei seinem Aufenthalt in den USA berichtet. Er führte ein bescheidenes

Leben und erzählte mir von den Sorgen und Schwierigkeiten, den Morden, Diebstählen und Vergewaltigungen, unter denen die Menschen dort zu leiden haben. Meiner Meinung nach sind diese Dinge eine Folgeerscheinung der ökonomischen Ungleichheit innerhalb der Gesellschaft. Natürlich führt es zu Problemen, wenn wir Tag für Tag ums Überleben kämpfen müssen, während ein anderer Mensch, der so ist wie wir, in Saus und Braus leben kann. Das ist eine ungesunde Situation, und infolgedessen leben auch die Reichen – die Milliardäre und Millionäre – in ständiger Angst. Darum, so meine ich, ist diese gewaltige Kluft zwischen Arm und Reich etwas ganz Verhängnisvolles.

Auch global gesehen gibt es reiche Nationen und arme Nationen: eine ebenso verhängnisvolle, nicht nur aus ethischer Sicht zu missbilligende Situation. Selbst unter rein praktischen Gesichtspunkten erweist sich diese Schieflage als Unruheherd und als Ausgangspunkt von Problemen, die wir letztlich vor der eigenen Haustüre wiederfinden werden.

Grundlagen für eine viel versprechende Zukunft

Eines Tages hat mich eine wohlhabende Familie aus Bombay aufgesucht. Die Großmutter hatte einen starken Hang zur Spiritualität und den Wunsch, von mir eine Art Segen zu erhalten. Ich erklärte ihr: »Ich kann Ihnen keinen Segen geben. Eine derartige Fähigkeit besitze ich nicht.« Dann sagte ich zu ihr: »Sie entstammen einer wohlhabenden Familie, und das ist ein sehr glücklicher Umstand. Es ist das Resultat Ihrer verdienstvollen Handlungen der Vergangenheit. Die Reichen sind wichtige Mitglieder der Gesellschaft. Sie bedienen sich kapitalistischer Methoden, um mehr und mehr Profit anzuhäufen. Nun sollten Sie mithilfe sozialistischer Methoden den Armen zu Bildung und zu einer medizinischen Versorgung verhelfen.« Wir sollten die dynamischen Methoden des Kapitalismus nutzen, um Gewinn zu machen – und diesen dann auf umso nützlichere und sinnvollere Weise anderen zugute kommen lassen. Aus ethischer wie aus praktischer Sicht ist dies eine der besten Möglichkeiten, gesellschaftliche Veränderungen herbeizuführen.

Vor einigen Jahren war ich zu Besuch bei einer unter ärmlichen Verhältnissen lebenden schwarzen Familie in Soweto, Südafrika. Ich wollte mich ungezwungen mit den Leuten unterhalten, mich nach ihrer Situation erkundigen, wollte sie fragen, wie sie ihren Lebensunterhalt bestreiten können und dergleichen. Zunächst sprach ich mit jemandem aus der Familie, der sich mir als Lehrer vorgestellt hatte. Im Verlauf unserer Unterhaltung kamen wir darin überein, dass Rassendiskriminierung ein großes Übel sei. Aber da ja nun die Schwarzen in Südafrika über gleiche Rechte verfügten, so sagte ich anschließend, böten sich ihm jetzt neue Möglichkeiten. Und er müsse sich bemühen, sie durch Weiterbildung und harte Arbeit zu nutzen. An ihm sei es nun, wirkliche Gleichberechtigung herzustellen. Leise und voller Traurigkeit erwiderte der Lehrer, er glaube, die Schwarzafrikaner seien den Weißen verstandesmäßig unterlegen: »Mit den Weißen können wir es nicht aufnehmen«, sagte er.

Ich war erschüttert und tief betrübt. Denn mit einer derartigen Einstellung hat man keine Chance, die Gesellschaft zu verändern. Aussichtslos! Darum begann ich mit ihm darüber zu diskutieren und sagte: »Meine eigenen Erfahrungen und die meines Volkes sind gar nicht so viel anders als Ihre. Wenn wir Tibeter die Möglichkeit dazu haben, können wir ein sehr erfolgreiches menschliches Gemeinwesen aufbauen. Während der letzten vierzig Jahre haben wir als Flüchtlinge in Indien gelebt und sind dort zur erfolgreichsten Flüchtlingsgemeinschaft geworden.« Ich erklärte ihm: »Wir sind gleich! Wir haben das gleiche Potenzial. Wir alle sind Menschen! Die andere Hautfarbe spielt dabei keine große Rolle. Infolge der Diskriminierung standen Ihnen in der Vergangenheit die entsprechenden Möglichkeiten nicht offen. Doch ansonsten verfügen Sie über das gleiche Potenzial.«

Mit Tränen in den Augen erwiderte er mir schließlich leise flüsternd: »Nun fühle ich, dass wir gleich sind. Als Menschen sind wir gleich. Wir verfügen über das gleiche Potenzial.«

Ich empfand große Erleichterung. Mein schmerzliches Unbehagen war von mir gewichen. Ich hatte einen kleinen Beitrag dazu leisten können, dass im Geist eines Menschen eine Veränderung eingetreten war. Das spürte ich. Und ich hatte ihm geholfen, Selbstvertrauen zu entwickeln, die Grundlage für eine viel versprechende Zukunft.

Die menschliche Familie

Als Menschen sind wir alle gleich. Daher ist es nicht nötig, irgendwelche künstlichen Schranken zwischen uns zu errichten. Meine persönliche Erfahrung zeigt zumindest, dass es für jemanden mit dieser Haltung keine Schranken gibt. Ich kann ausdrücken, was immer ich empfinde. Ich kann Sie »meinen guten Freund« nennen. Es gibt nichts zu verbergen und keinen Grund, nicht offen zu sprechen. Das gestattet mir also eine geistige Offenheit, mit dem Ergebnis, dass ich anderen gegenüber nicht ständig misstrauisch sein muss. Und das gibt mir wirklich innere Befriedigung und inneren Frieden.

Dieses Gefühl nenne ich eine »echte Erkenntnis der Einheit der gesamten Menschheit«. Wir alle sind Mitglieder einer einzigen menschlichen Familie. Dies zu verstehen ist meiner Ansicht nach sehr wichtig, besonders jetzt, da die Welt immer kleiner wird. In früheren Zeiten waren die Leute selbst in kleinen

Dörfern in der Lage, mehr oder weniger selbstständig zu überleben. Man war nicht so sehr auf die Zusammenarbeit mit anderen angewiesen. Heutzutage hat sich die Wirtschaftsstruktur völlig gewandelt; die moderne Wirtschaft, die sich auf Industrie und Technik stützt, kennt ganz andere Abläufe. Wir sind hochgradig aufeinander angewiesen, und durch die Massenkommunikationsmittel sind die Beschränkungen der Vergangenheit so gut wie aufgehoben.

Aufgrund dieser überaus komplexen gegenseitigen Abhängigkeit ist heutzutage jede Krise auf diesem Planeten mit jeder weiteren verknüpft – wie in einer Kettenreaktion. Infolgedessen lohnt es sich, jede Krise als ein globales Phänomen zu betrachten. Hier sind Schranken wie »diese Nation« oder »jene Nation«, »dieser Kontinent« oder »jener Kontinent« einfach nur hinderlich. Für die Zukunft der Menschheit ist es darum wichtiger als je zuvor, dass wir ein echtes Gefühl von Brüderlichkeit und Schwesterlichkeit entwickeln. Meist nenne ich das ein Gefühl von »universaler Verantwortung«.

Interreligiöse Verständigung

Als buddhistischer Mönch versuche ich immer, ein besseres Verständnis zwischen den verschiedenen Religionen zu fördern. Schließlich soll Religion das Heilmittel zum Abbau geistiger Spannung sein. Leider wird manchmal jedoch die Religion selbst zum Anlass für Zerwürfnisse, Streitigkeiten und Konflikte zwischen Menschen. Wie tragisch. Daher halte ich einen eingehenden Dialog und Harmonie unter den verschiedenen Religionen für unbedingt notwendig und versuche Wege zu finden, die zu einem besseren Verständnis führen.

Natürlich gibt es Unterschiede zwischen den Glaubensrichtungen, und manche davon sind ziemlich fundamental. Zum Beispiel gehen die Anhänger des Buddhismus und des Jainismus nicht von einem Gott oder Schöpfer aus. Viele andere Religionen wie das Christentum, das Judentum und der Islam finden ihren grundlegenden Glauben in Gott, dem Schöpfer. Ich neige dazu, diese Unterschiede von einem anderen Gesichtspunkt aus zu betrachten. Wie kommt es, dass zwei so unterschiedliche Lehren nebeneinander existieren? Ich glaube, weil es unter den Menschen ganz unterschiedliche Mentalitäten gibt, ist eine bestimmte Lehre für gewisse Personen wirkungsvoller und passender. Für andere Menschen wiederum ist eine andere Religion angemessener und effektiver.

Schauen Sie sich nur an, wie unterschiedlich die Dinge sind, die wir essen. Zwar ist der menschliche Körper nicht so kompliziert und anspruchsvoll wie der menschliche Geist. Trotzdem haben die Menschen unterschiedliche geschmackliche Vorlieben und bevorzugen dementsprechend andere Speisen. Der Geist ist allerdings viel weiter entwickelt, und so findet man eine große Vielfalt von verschiedenen Mentalitäten. Eine Religion allein könnte einfach nicht alle Menschen zufriedenstellen. Aufgrund dieser Verschiedenartigkeit der Menschen ist meines Erachtens die Existenz unterschiedlicher Lehren und Philosophien von großem Vorteil.

Die wichtigste Einsicht werden wir aber beim Blick auf die Resultate gewinnen. Denn in jeder der großen Religionen können wir gute, sehr warmherzige Menschen finden, die uns einen Eindruck davon vermitteln, zu welchen Ergebnissen diese religiöse Praxis führt. Das zeigt uns, dass alle Glaubensrichtungen, wie unterschiedlich ihre Philosophien oder Lehren auch sein mögen, in gleichem Maße gute Menschen hervorbringen. Daher macht es keinen Sinn, der einen oder anderen Religion keinen Respekt entgegenzubringen. Dies verdient, sorgfältig und aufmerksam untersucht zu werden. Denn so können wir zu einem Verständnis gelangen, das uns hilft, aufrichtigen Respekt für all die unterschiedlichen Religionen zu entwickeln.

Hier bietet sich also ein weites Feld, um zusammenzukommen, zusammenzuarbeiten und uns gemeinsam um Frieden in der Welt zu bemühen, indem wir Frieden in der Familie und Frieden im Geist jedes Einzelnen entstehen lassen. Denn das – und nicht der Bau von Kirchen, Tempeln oder Kathedralen – ist der Sinn von Religion. Das wichtigste Ziel der verschiedenen Religionen besteht darin, positive Empfindungen zu erzeugen, positive menschliche Eigenschaften zu verstärken und negative zu verringern. Daher lehrt uns jede große Religion Liebe, Mitgefühl, Vergebung und ein Gefühl von Brüderlichkeit und Schwesterlichkeit.

Ein Aufruf

Dass wir jetzt die letzten Seiten dieses Buches erreicht haben, erinnert uns auch an die Vergänglichkeit des Lebens. Wie schnell zieht es vorbei, und wie schnell ist unser letzter Tag gekommen. In nicht einmal fünfzig Jahren werde ich, Tenzin Gyatso, der buddhistische Mönch, allenfalls noch eine Erinnerung sein. Ja, es ist unwahrscheinlich, dass auch nur einer jener Menschen, die diese Worte lesen, in einhundert Jahren noch am Leben sein wird. Die Zeit verrinnt und lässt sich nicht aufhalten. Wenn wir etwas falsch machen, können wir die Uhr nicht zurückdrehen und es noch einmal versuchen. Aber wir können die Gegenwart sinnvoll nutzen. Wenn wir dann an unserem letzten Tag Rückschau halten und feststellen, dass wir etwas geleistet, ein erfülltes und sinnvolles Leben geführt haben, so wird uns das immerhin Trost spenden. Andernfalls werden wir vielleicht sehr unglücklich sein. Doch welche der beiden

Möglichkeiten sich vor uns auftut, liegt ganz bei uns.

Um nicht von Reue überwältigt zu werden, wenn wir uns dem Tod nähern, sollten wir uns vergewissern, dass wir anderen gegenüber verantwortungsbewusst und mitfühlend eingestellt sind; nicht weil wir uns davon für die Zukunft etwas versprechen, sondern weil es tatsächlich unser Anliegen ist. Mitgefühl gehört, wie wir gesehen haben, zu jenen elementaren Dingen, die unserem Leben Sinn verleihen. Es ist die Quelle der Freude und allen dauerhaften Glücks. Und es bildet das Fundament für ein gutes Herz – für eines, das aus dem Bedürfnis heraus handelt, anderen helfen zu wollen.

Mit Freundlichkeit, mit Zuneigung, mit Ehrlichkeit, Wahrheit und Gerechtigkeit, die wir in der Begegnung mit allen anderen Menschen walten lassen, sorgen wir für unser eigenes Wohl. Das hat nichts mit komplizierten Theorien zu tun, ist eine Sache des gesunden Menschenverstandes. Zweifellos lohnt es sich also, an andere zu denken. Auch lässt sich nicht bestreiten, dass unser Glück unauflöslich mit dem Glück der anderen zusammenhängt: Wir selbst leiden, wenn die Gemeinschaft leidet, und es geht uns umso schlechter, je mehr unser Herz und unser Kopf von Böswilligkeit blockiert werden. Daher können wir alles andere von uns weisen: Religionen, Weltanschauungen, Ideologien, alle Weisheit und alles Wissen dieser Welt, doch um Liebe und Mitgefühl kommen wir nicht herum.

Und *das* ist meine wahre Religion, mein schlichter Glaube. Unter diesem Gesichtspunkt brauchen wir keine Tempel oder Kirchen, keine Moscheen oder Synagogen, keine komplizierte Philosophie, keine Doktrin, kein Dogma. Unser Herz, unser Geist – das ist der Tempel. Mitgefühl ist die Doktrin. Liebe zu anderen und der Respekt vor ihrer Würde und ihren Rechten, gleichgültig, wer oder was sie sind, das ist letztlich alles, was wir brauchen. Praktizieren wir das in unserem Alltag, dann spielt es keine Rolle, ob wir gebildet oder ungebildet sind, ob wir an Buddha oder an Gott glauben, ob wir uns überhaupt einer Religion zugehörig fühlen oder nicht – solange wir Mitgefühl zeigen und uns aus Verantwortungsbewusstsein selbst beschränken, werden wir glücklich sein.

Zum Schluss möchte ich ein kleines Gebet mit Ihnen sprechen, eines, das mir in meinem Bemühen, anderen zu helfen, immer sehr hilfreich ist.

Möge ich jetzt und immer *so* sein:

ein Beschützer für diejenigen, die niemand beschützt,
ein Führer denen, die sich verirrt haben,
ein Schiff für jene, die über die Meere
ziehen müssen,
eine Brücke für die, die Flüsse überqueren müssen,
ein Asyl für alle, die in Gefahr sind,
eine Lampe für die, die kein Licht haben,
eine Zuflucht für die Schutzlosen
und ein Diener all denen, die Hilfe brauchen.

Quellenverzeichnis

Die Quellen sind chronologisch folgenden Büchern
des Dalai Lama entnommen:

*Glück und Leid; Worauf beruht das Glück, nach dem wir
alle streben?; Wie funktionieren unsere Gedanken und
Emotionen?; Was verstehen wir unter Meditation?; Ruhiges Verweilen und durchdringende Einsicht; Meditationshindernisse; Wie können wir mit diesen Hindernissen
umgehen?; Die Essenz der Meditation; Die Natur des
Bewusstseins; Hat das Bewusstsein einen Anfang und ein
Ende?; Auf welche Ebene bezieht sich das buddhistische
Verständnis von Bewusstsein?; Die Frage nach dem »Urknall«; Warum ein Buddhist das Kausalitätsprinzip verstehen sollte; Der Stellenwert eines rational begründeten
Verständnisses,* aus:

Dalai Lama: *Ohne Anfang, ohne Ende.* His Holiness
the XIV Dalai Lama 2000 Scherz Verlag, Bern
2001. S. 10–27.

Die Religionen: Wege zur Überwindung von Leid, aus:
Dalai Lama: *Dzogchen. Die Herz-Essenz der Großen
Vollkommenheit.* © der deutschen Ausgabe 2001
Theseus Verlag, Berlin. S. 112.

Mitgefühl und Einfühlungsvermögen; Eine Kontempla-
tion über die Güte der anderen Wesen; Das Leid der an-
deren erkennen; Kann schon unsere bloße Existenz eine
Form von Leid sein?; Herzensgüte; Wie meditiert man
über Mitgefühl und Herzensgüte?, aus:

Dalai Lama: *Mit weitem Herzen. Mitgefühl leben.*
© der deutschen Ausgabe 2002 Theseus Verlag,
Berlin. S. 101–112.

Echtes Mitgefühl, aus:

Dalai Lama: *Das Herz aller Religionen ist eins.* 1997
Hoffmann und Campe Verlag, Hamburg.
S. 140 ff.

Echtes Mitgefühl äußert sich vollkommen spontan; Mit-
gefühl als Weg zur Erleuchtung, aus:

Dalai Lama: *Mit weitem Herzen.* A. a. O., S. 112–115.

Eine persönliche Erfahrung; Mehr als bloßes Mitleid;
Freunde, aus:

Dalai Lama: *Dzogchen.* A. a. O., S. 257 f.; S. 260f.;
S. 264 f.

Das Ziel der menschlichen Aktivität; Welche Rolle spielt
das Geld, aus:

Dalai Lama: *Glücksregeln für den Alltag.* © Verlag
Herder, Freiburg im Breisgau, 4. Auflage 2004.
S. 44ff.; S. 59 f.

Die Kluft zwischen Arm und Reich; Grundlagen für eine viel versprechende Zukunft, aus:
Dalai Lama: *Mit weitem Herzen.* A. a. O., S. 26 f.; S. 28–31.

Die menschliche Familie; Interreligiöse Verständigung, aus:
Dalai Lama: *Dzogchen.* A. a. O., S. 265 f.; S. 266 ff.

Ein Aufruf, aus:
Dalai Lama: *Das Buch der Menschlichkeit.* © 2000 Bastei Lübbe GmbH & Co. KG, Köln. S. 250–255.

Der Verlag hat sich bemüht, alle Rechteinhaber ausfindig zu machen. In Fällen, in denen dies nicht gelungen ist, bitten wir um Mitteilung.

HERDER spektrum Band 7099

MIX
Papier aus verantwor-
tungsvollen Quellen
FSC® C106847

Originalausgabe
Copyright © 2004 Theseus Verlag in der J. Kamphausen Verlag
und Distribution GmbH, Bielefeld
ISBN 3-89620-244-8

© Verlag Herder GmbH, Freiburg im Breisgau 2011
Alle Rechte vorbehalten
www.herder.de

Umschlagkonzeption und –gestaltung: Agentur RME:
Eschlbeck / Hanel / Gober
Umschlagmotiv: © Mauritius Images
Vignetten im Innenteil: © Designbüro Gestaltungssaal
Sabine Hanel, Alexandra Gober

Herstellung: fgb · freiburger graphische betriebe
www.fgb.de

Printed in Germany

ISBN 978-3-451-07099-0